Straßengedichte

~ Begegnungen~

© 2021
Herstellung und Verlag: BoD – Books on Demand,
Norderstedt
ISBN: 978-3-7534-4399-7

„Wir treffen im Schnitt 12 andere
Menschen pro Tag. Manche kennen
wir, einige vergessen wir und andere
kennen wir nicht aber sie bleiben uns in
Erinnerung. „Straßengedichte –
Begegnungen" erzählt lyrisch von ganz
unterschiedlichen Begegnungen in der
Münchner Innenstadt und davon, wie
viele Arten von menschlicher
Verbindung es gibt."

Yassamin – Sophia Boussaoud

Straßengedichte

~ Begegnungen ~

Bist du schon einmal jemandem begegnet und dachtest

„Das muss vorbestimmt sein"?

Barbarastraße

Ich laufe die vielen gelben Häuser entlang.

Wie jeden Tag.

Der kühle Januarwind weht mir meine
dunklen Haare ins Gesicht, kleine
Regentropfen bleiben an meiner Nase und
meinen Lippen hängen.

Ich glaube, ich bin glücklich. Du stehst vor
dem gelben Haus, mit den dunkelgrünen
Fenstersimsen.

Ich weiß nie, warum du dort stehst.
Aber du stehst da. Dein Blick wandert die
Straße entlang, bis er schließlich meinen
findet - wie jeden Tag.

Ich lächle und du lächelst.

Wir schauen uns ein paar Sekunden lang in die
Augen. Länger als ich es gewohnt bin.

Länger als ich es Fremden eigentlich gestatten
würde.

Aber in deinen Augen ist dieser Funke.

Wäre ich eine andere, so würde ich
stehenbleiben und dich fragen, wie du heißt.
Was du machst. Warum du dort stehst.

Aber ich bin keine andere und so gehe ich
weiter.

Nicht ohne mich noch einmal umzusehen.
Und du hebst die Hand - wie jeden Tag.

Kennst du Situationen, in denen du richtig gestresst warst und eine zufällige Begegnung dir ein Lächeln ins Gesicht zaubern konnte?

Leonrodplatz

Unsere Wege kreuzen sich.

Ungefragt. Unübersichtlich.

Du gehst zu Seite. Ich geh zur Seite.

Aus Versehen zur Gleichen.

Wie ein Tanz.

In Eile.

Ohne auch nur einen Schritt, der

Verweilt.

Der Boden dampft.

Nichts mehr hat seine Zeit.

Nichts ist von Dauer.

Morgens.

Hast du vielleicht eine*n
Nachbar*in di*er du gerne

besser kennen würdest?

Lothstraße

Der eisige Wind zieht unbarmherzig durch die
Straßen.

Mein Mantel wärmt mich.

Ich biege um die Ecke und sehe dich.

Wir wohnen im gleichen Haus.

Manchmal winken wir uns.

Manchmal ignorieren wir uns.

Jeder trägt seinen Rucksack voller Eitelkeiten

Statt auf dem Rücken, vor sich her.

Ich gehe an dir vorbei, wir nicken uns zu.

Plötzlich rutsche ich, du hältst meinen Arm.

Alles in Ordnung.

Wir lächeln uns an.

Wärmer.

Was machst du am liebsten

mit deiner

Lieblingskontaktperson?

Schellingstraße

Die Sonne scheint.

Deine langen, blonden Haare leuchten.

Mit ihr um die Wette.

Du siehst mich von weitem und winkst mir zu.

Ich winke zurück. Ich freue mich dich zu
sehen.

Wir umarmen uns.

Und steuern ihn an, diesen kleinen Laden.

An dem es die allerbesten Croissants gibt.

Butterzart.

Es ist nicht lange her, seit wir zum letzten Mal
hier waren.

Das ist unser Ding.

Ich höre dir gerne zu.

Und du hörst mich gerne erzählen.

LEICHTIGKEIT.

Gibt es Personen in deinem
Leben, die dir einmal sehr viel
bedeutet haben und nun nur
noch flüchtige Begegnungen sind?

Kaulbachstraße

„Ich weiß, dass wir beide Angst hatten. Dass wir beide wussten, wie dies enden würde. Mit zwei Herzen in tausende Stücke zerbrochen. Und dennoch haben wir nicht aufgehört. Sind auf dem Rand dieser Welt entlang balanciert, mit unseren Köpfen in den Wolken und unseren Herzen in den Händen. Haben mit ihnen unter der Sonne gelegen und im Regen getanzt. Und sie immer und immer wieder fallen lassen. Nur, um sie dann voll naiver Hoffnung wieder aufzuheben. Weil wir zwei Menschen waren, die nicht wussten, was Liebe ist. Die noch nie wahrhaftig geliebt wurden. Und es war töricht so in den Sturm zu rennen. Schutzlos und mit dem Glauben, dass die Liebe alles besiegen kann..."

Ich beobachte dich. Du bemerkst mich. Du kommst auf mich zu. Ich laufe weg. Wir beide wissen, dass wir nichts wissen.

Dass wir uns eines Tages nicht mehr kennen werden.

Alles verändert sich.

Hast du eine Freundschaft,
die durch Zufall

entstanden ist?

Ludwigstraße

Viele Spiralen entlang. Von innen nach außen.

Von außen nach innen.

    Ich winde mich durch sie hindurch.

        War nie eine von denen.

Die mit oder gegen den Strom schwimmt.

Vielmehr die, die sich Plätze dazwischen
sucht.

    Und mal die eine, mal die andere Richtung
        nimmt.

Und inmitten dieses Chaos treffen grüne
Augen auf braune.

Ein sanfter Blick. Ein flüchtiges Lächeln.

    Der Beginn einer Freundinnenschaft.

Kennst du das,

wenn Orte so sehr mit Gefühlen

verbunden sind?

Odeonsplatz

Hunderte Menschen. Ohne Gesicht.

Erstarrt. Unecht. In Plastik verpackt.

Einer wie der andere.

                      Alle wie die eine.

Ich kann mich nicht sehen. Kann dich nicht
sehen.

Ich sehe die Vielfalt nicht mehr.

Ist sie doch eigentlich meine Gefährtin.

                      Alle wie die eine.

Ich bin nicht zerbrochen und du darfst sein,
wie du bist.

Aber versteck dich nicht.

Mach dich nicht unsichtbar.

Ich konzentriere mich.

Versuche etwas mir Bekanntes zu finden.

Graue Augen. Ein schiefer Mund. Langes Haar.

Du bist da.

Noch immer nicht gebrochen.

Siehst du auch manchmal Paare
und denkst dir

„Wie wunderschön ist das
denn?“

Brienner Straße

In ihren Augen spiegelt sich das grelle Licht
der Straßenlaterne.

Ihre Tränen funkeln. Wie kleine, durchsichtige
Perlen, sie über ihre geröteten Wangen.

Sie hat so viel geschafft und wohl doch nicht
das, was sie schaffen wollte. Nicht das, was
sie wohl hätte schaffen müssen.

Er nimmt ihre Hand und flüstert: „Ich bin
trotzdem da."

Während ich die beiden beobachte
überkommt mich die Sehnsucht. Diese Art von
Sehnsucht, die mir Angst macht und mich so
verletzlich macht.

Die Sehnsucht danach, von einer anderen
Seele angenommen und geachtet zu werden.
So, wie ich bin.

Er hält sie im Arm und ich gehe weiter.

In die Nacht, die jedes Gefühl zu verstärken
scheint.

Was macht es mit dir, wenn du
viele fröhliche Menschen siehst?

Karolinenplatz

Viele kleine Hände. Voller Hoffnung.

Viele kleine Füße.

Bereit, einen langen Weg zu gehen.

Viele bunte Mützen, leuchtend grau und
schiefer rot.

Schritt um Schritt. Dem Leben entgegen.

Glücklicherweise unwissend. Doch nicht
sorglos.

Erahnend. Vorausschauend.

Bereit.

Gibt es in deinem Leben vielleicht auch diese eine ältere Person, die du immer wieder siehst und irgendwie ins Herz geschlossen hast?

Gabelsbergerstraße

Der Duft von Schnee und warmer Suppe.

Von Freundschaft und Behaglichkeit.

Vertrauensvoll und wohl bekannt.

Ein gelbes Haus mit weißen Fenstern.

Ein Blumentopf auf dem Asphalt.

Ich hör sie weinen, ihre Stimme zittert.

Der Himmel blau, die Luft jedoch kalt.

Der Duft von Rosen und Lavendel.

Unerwartet, sonnenklar

Die helle Stimme, ihr schönes Lächeln.

Begegnungen.

Wirr.

Fern und nah.

Hast du eine Person, die du jeden Morgen siehst und sehr schätzt, obwohl ihr euch nicht kennt?

Theresienstraße

Jeden Morgen.

Jahr um Jahr.

Sehen wir uns.

Reden.

Wie es mir geht, was du so machst.

Reden.

Vom Schnee, der Sonne und vom Regen.

Vertraut und fremd.

Namenlos.

Unverbindlich.

Begegnungen, die es in Städten wie dieser
gibt.

Du gibst mir das, was ich brauche, um den Tag
zu überstehen.

Pechschwarz.

Danke.

Hattest du schon mal eine Begegnung, bei der du sofort gehofft hast, dass eine Verbindung daraus entsteht und dann enttäuscht wurdest, und dich gefragt hast:

„Aber warum sind wir uns denn dann überhaupt begegnet"?

Maßmannstraße

Ein rosa Haus.

Über das niemand geringeres

als die Mutter Gottes wacht.

Ein goldenes Buch.

In dem mehr Gefühle als Gedanken zu lesen
sind.

Für den, der es fand ohne Bedeutung.

Wort für Wort ihre Welt.

Rosarot und Graugrün.

Doch sie hat ihn schon einmal gesehen.

Aber das sagt sie nicht.

Weil sie so etwas nie sagt.

Nur eine Geste.

Und die Frage, ob das Universum denn weiß,

was sie möchte.

Verbindung.

Und sie hat Angst. Wie immer.

Und er keine Worte für sie.

Weil das Leben so spielt.

Ende.

Was bedeuten Begegnungen für dich?

Begegnungen

Jeder Mensch hat seine ganz eigene Geschichte. Mit einem Beginn, einem Hauptteil und einem Ende. Und so unterschiedlich wie wir Menschen an sich schon sind, so unterschiedlich sind unsere Geschichten. Manche sind kurz. Sehr kurz. Mit einem Ende, dessen Sinn sich uns nicht erschließen will. Andere Geschichten ziehen und ziehen sich. Und am Ende hat man schon fast wieder vergessen, wie alles begann. Es gibt Geschichten, die sind so schön, dass wir sie gar für Märchen halten. Und solche, die von tiefer Traurigkeit umhüllt sind. Manche Geschichten sind Geschichten über die Freundschaft. Über Liebe, Erfolg und Glück. Wieder andere sind geprägt von Verlusten, Ungerechtigkeit und Schmerz.

Ich glaube, dass alle diese Geschichten
gleichsam bedeutend und unbedeutend sind.
Wie das Leben selbst. Und, dass wir selbst in
den allermeisten Geschichten der anderen,
zunächst nur eine ganz kleine Rolle
einnehmen, eine kurze Begegnung sind.

Und aus dieser Begegnung kann so vieles
entstehen, oder nicht.

Leben.

**Wie schön, dass es dich gibt
du gute Seele!**

Für Nadin.

Für Suzan und Steffi.

Für Hami, Vivi, Hannah, Juli, Caro, Eszter, Jasmin,

Orlando, Lou und Nomi.

Für all die Herzmenschen in meinem Leben.

Für diese Stadt.

Für die Liebe.

Für all die guten Seelen auf dieser Welt, die mir begegnet sind, mir begegnen und begegnen werden. Für alle, denen ich begegnen darf.

So viel Liebe für euch.

Eure Mina